007　　　　　　　　　　　　　　　　바다

정희정　　이경환　　리야　　원경　　김청연
이유라　　홍가영　　김다은　　인유　　마코
박건　　김경희　　양승주　　너울　　서연
박수진　　미증유　　流景　　배지예　　시그리고생각
이예란　　임수민　　정성주　　박수빈　　김민영
정이설　　한애찬　　조형민　　바울
남기윤　　연청롱　　박지원　　최규민　　신혜선
헌　　선혜　　김리산　　자는곳　　최시원
이순간　　김파랑　　김수빈　　김건우　　종로
장순혁　　조예서　　이영　　지원　　공정민　　양지섭

심해와 천해
탄생과 죽음
사랑과 운명
상실과 위로

2022년 3월

I

실러캔스 정희정	13
Love Dump Surfing 이경환	15
그 해 리야	16
Mare Tranquillitatis 원경	18
꿈, 바다, 꿈 김청연	20
동해冬海에도 봄이 옵니다 이유라	21
달의 바다 홍가영	22
명화 김다은	23
미싱 링크 인유	24
바다이어리 마코	26
바다의 낭떠러지 박건	28
밤바다의 세레나데 김경희	30
소실의 여름 양승주	32
빙해 너울	34
장마와 상실 서연	35

참았다 터져버린 박수진	36
포말이 되어 미증유	38
혀 위의 바다 流景	40
러프드로잉 배지예	42
어제처럼 시그리고생각	44
침수 이예란	45
오늘의 바다 임수민	46
널어두었습니다 박수빈	49
해빙기 김민영	52
오렌지빛 유영 정이설	54
파도 정성주	56

II

해파리가 헤엄치는 모습은 사람의 심장박동과 비슷하다
한애 59
받아줘 찬 60
고해의 바다 조형민 62
넋 바울 64
바다 남기윤 66
바아다를 걸었다 연청롱 67
바다 박지원 68
별무덤 최규민 70
신의 무덤 신혜선 71
오늘도 헌 72
인생은 파도 선혜 73
종점 김리산 74
물결 자는곳 75
파도와 하이픈 최시원 76

치매 이순간	78
순환 김파랑	79
다이빙 김수빈	80
바다 김건우	82
이름 하나 없는 시 종로	83
뱃사공과 배 장순혁	84
바다에서 조예서	86
아가미가 없는 인간 이영	88
파아란 잔해 지원	90
섬과 바다의 대화 공정민	91
망각의 바다 양지섭	92
	93

*작가명은 작품 첫 장의 쪽 번호 옆에 표기하였습니다.

I

실러캔스

아가미와 초록 암초에 살았다 연한 부레에 이끌이 난 비늘 부산스러운 지느러미가 기름 찬 폐를 갈아 끼웠다

드물게 허락되는 것들이 있다 40년에 걸쳐 녹음된 혹등고래의 노래 팔아 치우지 못한 전 애인의 시집 밑줄 그인 말랑한 아치형 발바닥

같은 것

사람과 사랑이 한 글자 차이라는 건 공교롭고도 다정한 환상 나부터가 발을 걸친 지지부진한 기대 어느 때 실수로 혀를 깨문 이도 노래를 청했었지만

革命
救援
波濤

두 글자로 숨 쉬는 등뼈동물은 진작 멸종될 뜨내기

오래 걸을 수 없는 복고주의자 쉽게 슬퍼지는 인간 죄목이 아닌 것들로 제 목을 장식하고

　촌스럽게 박제된 조상 앞에서 사진을 찍는다
비효율적으로

　모서리가 닳은 것들만이 가라앉지 않았다

Love Dump* Surfing

    나의 바다와 당신의 바다는 너무나 달라 저 멀리 해송 사이 쌍안경 들고 보기만 해도 아득한 물결 헤집고 다니며 떠다니는 아둔한 나를 보고 외침 없는 후회를 하지만
    파도가 알려주듯 부딪힘은 격정이고 밀려남은 사랑이고 바닷바람은 이윽고 미련일지니 나는 그저 이따금 밀려들고 마는 깊숙한 파돗조각에 마음 한 켠을 내어주는 것
    필시 나에게 오고야 마는, 그럼이 곧 죄악임을 당신만은 알지어도 꾹 참아 아무 말 없는 암흑의 바닷가 소리만 넘치지 당신에게 넘치는 건 희뿌연 거품 몇 조각
    바닷가 생경한 벅차오르는 헛구역질 나와 눈물이 나와도 계속해서 당신 빗물 섞여 맹탕 되어 아무것도 되지 않더라도 계속해서 당신 그 마른 침을 삼키고 기꺼이 내 것을 덧발라감에도 쿵쿵거리는, 그리고
    그 새벽 다 젖은 옷자락 얼어붙는 얼음 사랑의 궤적이 어이없게 그려지는 공간 땀에 젖어 말라가는 티셔츠와 얼굴에는 소금이 생겼다 내 마음의 바다의 소금은 한없이 _____ 다

---

*한 번에 무너져 버리는 파도. 서핑하기 어려운 상태의 파도를 일컫는 용어.

그 해

그해 우리는 끝없이 눈부신 너울을
5평 방 땅거미 아래 누워 보았습니다
눈을 감아야만 보이는 너울을
나와 나는
눈을 꼭 감고 손을 꼭 잡고
오래지 않아 보겠다고 빌었습니다
삼백의 걸음이 지나고
삼천의 숨과 숨에
울음을 토해낼 바다는 있었지만
자유를 삼켜낼 우리는 없었으며
귀에서 죽은 말들이 재촉하는 걸음걸음에
우리가 너울을 떠올리는 것은 나중 일이 되었습니다
입에서 죽은 말들이 창을 들고 출정했으며
잃은 서로를 되찾는 것은 나중 일이 되었습니다
바다를 앞에 두고 바다를 찾는 일은
내가 나를 잃고 우리가 되기를 바람과 같았고
아직 파도는 치지 않았습니다
그해 우리는 끝없이 눈부신 너울이
사르르 안개져 간 눈물 따라
땅거미가 지는 것을 보았습니다

너울은 나 없이 출렁이고
아직 바다를 찾는 밤입니다

Mare Tranquillitatis*

1
물 한 방울 없는 곳을 사람들은 바다라 불러
모순적이지? 너와 내가 우리라고 불리는 것처럼 말야

2
나의 물장구가 당신의 연안에 가닿을 수만 있다면, 비로소 나는 당신이 되고 당신은 내가 되고

3
맨땅에서 헤엄을 쳐 불나방처럼 허공에 뛰어들어 모든 게 논리로 정의될 거 같았으면 청춘 같은 계절은 있지도 않았겠지 수증기에 질식하지 않으려고 해진 아가미를 사서 달아 안 그러면 너와 나 사이에 끝없는 바다가 펼쳐지거든 날 조여오는 막대한 잿빛 고요가

4

   그치 청춘 같은 계절은 없을 텐데 난 지금 물 없는 바다 위에 서있으니 이것 참 이왕 그런 김에 나 초여름의 사랑 같은 거 한번 믿어보려고 영하의 겨울밤에서 오지 않을 봄을 기다리며 유영하려고 먼 훗날 우리가 우리로 불릴 수 있도록

5

있잖아, 나는 너의 바다에서 질식사하는 거야
익사하는 게 아니고

*고요의 바다. 아마 끝내 작은 물결조차 퍼지지 않을 창해.

꿈, 바다, 꿈

어제는 꿈을 꿨어…
바다가 내 머리 위로 쏟아져 내리는 꿈을

수심 10,000km의 압력을 견디며,
바다를 가르며 헤엄쳤어
아니,
어쩌면 날았어

나의 들숨과 너의 날숨,
사랑과 꿈과 빛,
그리고 상실과 어떤 외침의 가닥들이
날실과 씨실이 되어 섬세하게 직조된

나의 바다
나의, 판탈라사…

어젯밤에,
바다가 내게 쏟아졌어

동해冬海에도 봄이 옵니다

바다에 찍은 발자국이 살아 숨 쉬던 새벽에 당신과 나는 버려진 돗자리에 앉아 웃었습니다. 우리는 머리칼을 휘날리면서도 바람이 아닌 서로를 잡고 싶었습니다. 닿지 않는 파도에 일렁이며 답지 않게 사랑을 실토하는 어린 청춘이 떠오릅니다. 찬바람에 붉게 언 꽃을 두 뺨에 가득 달고서, 우리는 해풍을 따라 긴— 마음을 흔들립니다. 나의 온기가 닿은 당신 뺨에는 물결이 친다는 예보가 뜨고. 사랑한다는 말은 멀게만 느껴져 사랑해 달라 애원하는 그 어린 청춘을 나는 물결 틈으로 사랑하고자 합니다. 나는 오늘, 꽃을 피운 바다에게 이 땅의 개화를 선물합니다.

사랑하던 바다,
거품을 물어도 사랑하길.

달의 바다

나는 아직 부유하는 우주의 쓰레기 더미 사이에서 너에게 묻습니다.

먼저 도착한 달의 바다에는 무엇이 있나요? 세간에 알려진 것처럼 어두운 흙먼지만 날립니까 아니면, 사실 그 깊은 협곡에는 차마 빛 한 줄기 들지 못해 새카만 물이 흐르는 것은 아닙니까?

우리 새카만 바다를 밟으며 춤을 춥시다. 그것이 진정 바다라면 또 물이라면 부서지는 파도라면 나의 옷 그리고 너의 옷에는 말간 얼룩이 지고 우리의 발목에 튄 물방울만큼은 투명하겠지요.

나의 악몽 새카만 바다. 너는 내 얼굴에 바닷물을 들이붓고 이 꿈에서 깨워 네가 부재하는 현실을 내게 들이밉니다. 나는 그저 눈 뜨면 맞닥뜨리는 네가 없는 이곳을 삶으로 받아들여야 하고 이건 분명 고된 일이지만 당신은 그곳에서 계속 춤을 추세요. 밤하늘에 얼룩진 바다 위에서 나에게 가끔 손을 흔들어 주세요.

명화

그린다.

너는 캔버스를 가져와 입안에 머금었던 물을 뱉는다. 얼마나 머금고 있었던 거야. 종이는 소리 내 울기 시작한다. 나는 초점 없는 두 눈에 모래를 뿌리고 너는 해수욕장을 개장하고 파도가 일렁이기 시작하면 글라스 두 개만 가져올래? 영혼을 갈아 넣어 만들었다는 칵테일. 은박지로 만든 돗자리를 머리끝까지 덮고, 거대한 붓을 입에 문 채로 물결을 그린다. 파도가 치면 시인의 문장을 쓰기 위해 의미 없는 사랑을 하고. 아파야지 청춘이니까 너는 모서리 안에 나를 구겨 넣고, 도망자 없는 술래잡기와 길을 잃어버린 나. 해변에 찍힌 발자국을 따라가다 보라색 물감을 물에 풀고. 어둠이 부족할 땐 잠시 눈동자를 담그고 어때, 캘리포니아 부럽지 않지? 여긴 낮에도 밤이고 밤에도 낮이야. 더러운 바다에 침을 뱉으면 맥주 거품이 차오르고. 노을을 기다리면 물고기 떼를 볼 수 있을까. 그러니까 그림을 벽에 걸어놓는 게 어때? 네가 그린 그림은 너무 작잖아. 흰 물감을 아무리 풀어도 검은색은 검은색일 텐데 말이야. 이 꿈을 누가 사가긴 하겠어? 이딴 게 명화라니.

김다은

미싱 링크

조금 걸을까
갈매기가 도망가지 않게

젖은 걸음 디딜 때마다
모래알이 달라붙는 발목을 따라

당신이 벗어둔 발자국을
주워 먹는 정도

오래 물을 맞는 동안
가늘어진 몸에는 모양이랄 것도 없고

간단히 부슬거리는 한 줌의 역사 위로
검은 성좌처럼 나부끼는 머리카락

새 나오지 않았으면 좋았을 말들을
한 마디씩 물속에 떼어 넣는 동안

희뿌연 숨이 유령의 손처럼 턱 끝에 매달려 엉기고
우리는 그 사이에서 자주 헝클어진다

긴 시간 움켜쥔 조개껍데기는 다른 사람의 굳은살 같아서
귓가에 대고 소리를 듣고 싶어지다가도

손에 든 것을 멀리 던지는 사람이 있다
수평선 쪽으로 긋는
먼 호

네 것이 아닌 듯 아슬한 온도가
식은 뺨을 타고 자꾸만 돋아나는데

우리는 여기서 아무런 삶도 아닌 시간을 걷는다

얕은 물결에도 깎여나가는 발목을 조심스레 씻기며
당신이 벗어둔 발자국을 주워 먹는
그 정도가 나의 기쁨

빈손은 깊이 젖은 모래 아래서
투명한 손톱을 가지런히 기울인 채
무디고 긴 잠을 잔다

바다이어리

　우리가 딛고 선 별은 아직도 하루에 두 번씩 썰물을 배우지
　그래도 여전히 모르는 것이 많지만

　미처 다 적지 못한 마음에도 파도는 계속 페이지를 넘기고
　나는 여백에서 새로운 미완을 시작해야 한다

　사선으로 걷다가 실수로 적신 발끝
　다음 페이지에는 운명이라 써야지
　우습지만 열심히

　배우면 배울수록 모르는 것만 많아지는 것 같다

　책장이 넘어갈 때마다 운명은 먼 바다의 일부가 되고
　지나간 이야기를 잊어버리고도 금방 웃을 수 있다는 사실이
　서글프게 느껴진다면 축복이겠지

파도의 발목을 벨 듯 날카롭고 투명한 조각이
해변의 예쁘고 뭉툭한 풍경이 된 것을 발견한다면
우윳빛의 부드러운 혼탁함이 아쉬운 축복처럼 느껴진다면

우리 무슨 얘기 했더라?

우리가 딛고 선 별은 아직도 하루에 두 번씩 썰물을 배우지
후벼판 자국이 글자가 되기까지 걸리는 시간과
그것이 아무는 데 걸리는 시간을 번갈아 겪으며
해변이 조금씩 넓어지고 있음을 어느 새 알게 되면서

우리는 내일도
파도가 데리고 떠난 글자를 모랫가에 적어 놓아야지
나날이 조금의 오답을 주워섬기면서도

참을 수 없이 비루한 부분에 밑줄을 그으면서
붉고 엷은 리본을 바다로 흘려 보내면서

바다의 낭떠러지

일렁이는 물덩이는 광활하면서도
수평선으로 잘린 신비한 것이라서
너는 줄곧 그 수평선에게 뜯어먹히곤 했다

뜯어먹힌 자족이 남은
네 눈물과 바다의 향은 너무도 닮아서
바다가 널 삼켰는지 네가 바다를 삼켰는지를 알 수 없었다
때문에 네 한숨을 들이킬 때 나는 소금기를 잊지 못했고
그러한 네 바다 맛 한숨에 빠져 죽는 것도 나쁘지 않다고 생각했다

그래서 안일한 나는
지구가 평행하다는 말을 믿어버리고 마는 것이었다
이미 입증된 이론을 부정해버리곤
뜯어먹힌 널 메꿔내며
귀가 들리지 않는 기압의 공간까지
끝없이 함께 침몰당하고 마는 것이었다

그래도 저 수평선 너머엔
바다의 끝이 있겠지
무한한 바다 위 낭떠러지가
어딘가에는 있겠지
수도 없이 네 등을 토닥거리며

밤바다의 세레나데

네 마음속 검은 숲
밤이 되면 꿈꾸듯 깊어지고
짙은 그림자가 수채화처럼 번져
넌 파도처럼 들썩인다

밤하늘에서 떨어지는 별빛들이
네 눈가에 내려앉아
여전히 눈부셔 아파

검붉게 끓어오르는 너를
내가 감당할게

심해의 발광하는 생물들은
빛을 보호색 삼아
자신을 감추며 살아가

새카맣게 고요한 심해
수많은 빛 속으로 숨어들어
네 검은 숨도 옅어지길

너만을 위한 나의 세레나데
귀 기울여 들어줘
함께 호흡하고 느끼는 것
그 자체로도 넌 빛나니까

별빛을 머금은 파도들 부서지고
하얀 거품처럼 사라지겠지만
괜찮아

끊임없이 출렁이고 빛나는 우리
지고 나면 피는 꽃처럼
다시 만날 거니까
그렇게 사랑할 거니까

소실의 여름

1
이른 여름이 찾아왔다
아이들은 뛰놀고 청춘들이 길을 떠나는 여행의 계절
그런 여름에 나는 너를 향한 동경을 등에 이고
아지랑이 피어나는 백사장 한가운데 서있다

수영복을 입고 바다로 뛰어드는 사람들
바람에 살랑이는 파라솔과
물방울이 뚝뚝 떨어지는 아이스박스
동화와도 같은 평온 사이에서 이질감을 느끼며 서있다

나는 어떤 기록을 쫓아 이곳에 서있는 것일까
너에 대한 순애도
너에게서 찾던 안정도
모두 찰나에 불과했을 뿐인데

2
남김없이 연소되어 이젠 찾을 수 없는 너를 쫓아
나는 어김없이 이곳으로 도피하였다

맨발로 차가운 파도를 느끼며 휴가를 즐겼던 연인은
어디로 떠나 버렸을까
금방이라도 쏟아질 듯한 별을 보며 속삭였던 비밀은
어디로 흩어져 버렸을까
타오르는 장작 같던 우리가 잿더미 되어 나뒹군다

하늘거리던 너의 옷자락과
새하얀 발목을 휘감았던 샌들과
네 귓가에 꽂아주었던 이름 모를 꽃과
뜨거운 혀 위에서 녹아내렸던 얼음의 냉기
그 모든 것을 잊을 것이다

3
최초이자 최후의 작별을 고하며 나는 너를 다시 한 번 잃는다

풋풋한 미소와 인디언 보조개가 사랑스럽던 나의 연인
고운 모래가 반짝이는 백사장에 너를 놓고 나는 떠난다

빙해

우리는 얼어붙은 바다 위에 있었지
발아래가 무너지는 소리가 내 심장 박동이었고
떨어지는 네 눈물은 둔탁한 고통이었어

시리고 푸른 결말을 알면서도
그것이 우리에게만은 애정이었기에
불가항력의 황홀이었기에
우리는 오롯한 멸망을 택했지

새카만 파도가 우릴 감추고
눈보라가 소복이 우릴 감싸면

내 사랑, 아무도 우릴 찾지 못할 거야
우리는 영영 함께 얼어붙는 거야

장마와 상실

기차를 타도 창가 자리는 싫다며 울던
이어폰의 왼쪽에선 더 이상 소리가 나지 않아
당신의 감각을 한 번쯤 훔치고 싶었는데
어쩌면 이날 당신이 날 모래에 묻은 건가

내 앞에서 형태를 잃어버린 파랗게 타버린
바다가 당신이었는지 당신이 바다였는지
폐허가 될 것을 사랑해왔기에
장마가 그리워 나의 상실이 된 건가

참았다 터져버린

참았다 터져버린
내 눈물이
넌 이상하겠지

내 이런 감정들이
너를 채웠다가
금세 빠져나가고는

지레 겁을 먹고 너는
발 한쪽을
담갔다 빼고
담갔다 빼고

내 마음이 요동치는 날에는
너를 삼키려 하겠지

내 꾹꾹 눌러온 감정처럼
검은 파도는

밀려왔다 거품이 되고
밀려왔다 거품이 되고

계속 반복하겠지

포말이 되어

　이본느는 때때로 나에게 바다에 대한 이야기를 했다
　이본느는 때때로 바다에 몸을 던져 포말이 되고 싶다고 했다
　우리는 바닷가에 지어진 짠 내가 감도는 오두막집에서 서로가 없는 미래를 상상했다

　포말이 된다면 무엇이 하고 싶냐는 나의 질문에 이본느는 그저 포말이 되어 부서져 버리고 싶다고 했다
　포말이 되어 정말 사라지게 된다면 어떡할 거냐는 나의 질문에 이본느는 그저 미소를 짓고 바다를 바라보며 물고기처럼 입을 뻐끔거렸다
　우리는 바닷가에 지어진 짠 내가 감도는 오두막집에서 서로 다른 미래를 상상했다

　내가 이본느가 존재하지 않는 미래를 상상할 때 이본느는 혼자만의 미래를 상상하는 것 같았다
　이본느가 포말에 대한 로망스를 상상할 때 나는 이본느가 사라진 후의 내 거취를 상상한 것 같았다

나는 문득 이본느가 나보다 소중하지 않다는 것을 깨달았을지도 모른다
나는 문득 이본느가 나보다 소중하다는 것을 깨달았을지도 모른다

나는 이본느와 함께 포말이 되기로 했다
나는 이본느를 끌어안고 바다가 되기로 했다
부서지는 관계와 부서지는 감정과 부서지는 웃음이 햇빛에 반사되면 우리는 포말이 되고 바다가 되고

부서지는 관계와
부서지는 감정과
부서지는 웃음과
부서지는 시간과
부서지는 포말이

모든 것이 부서지면

혀 위의 바다

범람하는 푸름과
의문으로 점철되는 미래와

당신,
차마 내가 뱉지 못한 말을 아는지

어색하게 갖춰 입은 정장 소매에
당신이 두고 간 만년필의 잉크가 묻어
나는 미련히도 바다를 떠올리고

내가 당신을 묻어둔
당신이 나를 묻어둔
우리가 묻혀있는

미련히도 바다를 떠올리고

입안에서 느껴지는 것은
미처 깨물지 못하고 숨겨두었던
당신 이름 석 자와
비슷한 무게의 바닷바람과

그날 우리가 봤던
경이와 찬란에 잠식된 물결

다만 내가 아직도
입안에 그날을 숨겨두고
깨물지 않은 채 한참이나 혀로 굴려보는 것은
당신이 여전한 채로 내 품에서 숨을 쉬고 있는 탓

애석히도
미련하게

당신,
지금 내가 하려는 말을 알고 있는지

당신
바다
당신

그리고

러프드로잉

 너의 발밑에 그림자를 그려 넣어야 할지 너에게 물어볼 수 없다 너는 두 발을 책상에 대고 앉아 몸 구석구석에서 돋아나는 인상들을 견디고 있다 하얀 선이 너의 몸을 휘젓는다

 물결이 육지로 뛰어나올 때마다 얼굴에선 마스크가 철썩거리고 너의 왼쪽만의 숨쉬는 장면을 보며 나는 오른손을 들어 너를 긋는다 과거의 너를 뭐라고 불러야 할지 모른 채 엉망인 선들을 지켜본다 하늘을 닮아가는 바다를

 좋아한다고 고백하자 너는 파도가 스스로를 깨뜨리는 소리를 들려주었다

 소리를 가둔 손에서는 옅은 소독약 냄새가 흘러나온다 눈을 감고 파랗게 사라지는 너의 어깨를 상상하는데 노을은 바다가 붉은 줄만 알고 우리는 우리의 허리를 목격한 적 없는 사람들

 나는 조각난 눈동자를 더 잘게 들여다보는 대신 검은 곳을 검게 남겨두기로 한다

벌겋게 물들어가는 손으로 카메라를 꼭 쥐고
신발의 흰색이 흩어지길 기다리면서

이제 망가져도 좋다는 말을 기다리면서

우리는 짙어진 모래밭에서 슬픔의 파편들을 주웠다 날개가 있어야 할 자리 서로의 그림자가 돋아났다

나는 하얀 포말인 척
색으로 벌어진 틈을 덮다가
너울이 너를 차갑게 끌어안는 순간을 완성한다

책상 위 발끝이 사라진다 어떤 파랑이 너를 견딜 수 있을까

우리의 어둠을 등대가 지키고 있었다

어제처럼

바람을 탓하며 밀려오는 너
흔적을 남긴다

나는 육지의 사람
검지 손가락으로 경계를 새기고
성실한 너는 침범을 한다
어제처럼

다시금 바짓단은 짙어지고
경계는 물거품으로

처음을 마주하고서야 달아나는 너
잠잠히 드러나는 바닥
남색 바짓단으로 걸어가 바다를 찾는다

알지 못해 출렁이던 마음은
물결이 되고 파도가 되고
그렇게 오늘 바다를 걷는다

침수

떠다니는 우리가 결국 헤어지면
서로를 잊는 것이 익숙해집니다

둘이 온전하게 둘이 됩니다

한 시도 멈추지 않는 이곳에서
가벼움은 고독과 같습니다

눈송이가 내려도 차가워지지 않는 이 넓은 들판에서
표정을 짓기 어려워하는
소금물을 머금은 당신은 저 심해로 날아갑니다

아무것도 스미지 않는 몸에는 허락되지 않는 자유

여러 풍파를 겪게 되더라도
해수면 위를 표류하게 되는 이유를 찾다가도
쉽게 당신을 잊습니다

오늘의 바다

영상의 날씨에 눈이 내렸습니다
주먹을 꽉 쥐었습니다
해변 앞에서 흔들리는 나무를 보며

어제는 모르는 여자가 꿈속에 나와
나를 안아줬습니다
막혀 있는 어둠 속에서
여자에게만 조명이 미친 듯이 밝았습니다

꿈에서 깨면
이불에 온몸이 칭칭 감겨 있습니다
엄지손가락을 입에 물면
짠맛이 그대로 느껴졌습니다

그래, 여기는 바다도 아닌데
그래, 여기는 여자의 뱃속도 아닌데

비진도 해변처럼 갈매기가 날아다니지도 않고
바다 한가운데 표류하지도 않았습니다

영상의 날씨에 눈이 내리는 것처럼
나는 때때로 주먹을 꽉 쥐고 있습니다
반대로 행동할지도 모릅니다

울고 싶은 날에는
바다를 생각했습니다
웃고 싶은 날에는
하지 않기로 했습니다

엄마 엄마하고 부르면
엄마가 되는 것처럼

대파를 썰다가 뿌리를
화분에 심어주기로 했습니다
자꾸만 자라나는 것은

대파 입니까
슬픔 입니까

바람에 흔들리는 파도를
안아주지 못했습니다

잎이 떨어지면
엄마 엄마하고 부르지 않는 것처럼
이 또한 사소한 일일지도 모릅니다

다 잊어버리자
다 잊어버려
오늘의 바다 따윈

낚싯대를 챙겨 강가로 나갔습니다
파도는 몰아치지 않을 것입니다
갈매기 울음소리가 들린다면

철썩 또 철썩
착각 또 착각

파도가 나를 덮쳐 옵니다
낚싯대를 잡은 손이 흔들립니다
심해어를 잡은 기분입니다

널어두었습니다

칠월의 어느 오후,
저 하늘 높은 곳을 비행하다
우리가 발 디디고 살아가는 곳을
찬찬히
들여다보았습니다

청람색 도화지는
에메랄드빛의 파도를 품고
쏟아져 내리는 햇살은
그 위로 반짝이는 주름을 만들더군요

언젠가 당신 눈가에도
그런 반짝이는 주름살이 잡히겠지요

그 사이로 아무런 욕심도 없이
바람결을 따라 유유히 떠다니는
구름 그림자를 바라보느라
한 움큼 쥐고 있던 시간을 놓쳐버렸습니다

아
저 새하얀 줄만 알았던 구름마저
푸른색 그림자를 만들어내더군요

저렇게 자그마한 물방울도
알알이 뭉치면
내리쬐는 태양 아래서는
푸른 그림자로 자신이 살아있다고 외치는데

날이 좋아서
누군가를 떠올리고 있는 나의 마음 한 조각도
오늘처럼 날이 좋은 날에는
지구 어딘가에 흔적을 남겼으려나요

한여름 뜨겁게 저무는 해를 닮았을까요
아니면
당신이 가장 좋아한다던 소라색을 닮았을까요

어떤 빛깔 품었는지 몰라도
그 그림자 곱게 털어
당신이 사는 곳 앞마당에
널어두고 싶은 날이었습니다

해빙기

너는 이곳에 꽁꽁 얼어서 어른이 되지 않겠다고 했었지만 결국 금이 가고 해빙기가 오고
　너는 녹았다

이제는 바다 같은 마음에 귀를 기울이면 아무 소리도 나지 않는데 애써 듣는다 물에 입을 맞춘다

얼려두어야 하나 너를 기어코 어딘가에 담아 냉장고에 넣어야 하나 퍼담아 어항에 넣어 베타 한 마리와 서랍 위에서 언젠가 썩을 네 몸만 기다려야 하나 당신은 서서히 넓은 물길을 걸어야 할 텐데 네가 보통의 존재로 섞이기 전에 더 높이 방둑을 방파제를 쌓아야 하나 바다가 된 너를 들고 어디까지 도망칠 수 있을까 어쩌면 우리가 같이 극점으로 갈 수 있을지도 모른다고 같이 얼어붙자고 악쓴다 운다 아무것도 담을 수 없는 손바닥에 너를 퍼담는다 거기에 대고 말을 건다 이름을 부른다

바다에 사는 것들에게는 오늘도 짠내가 나는데 나한테는 여전히 네 냄새가 난다

그곳에 가만 누워 기다린다
너는 나를 먹을 준비를 하고 있다 같이 대멸종을 기다릴 수 없다면 고려했던 서로의 최후를 꺼낸다
추운 해일이 나를 삼키고
나는 손을 흔든다
성대가 녹을 즈음 마지막 인사는 묵음으로 나눈다

주인 없는 휴대 전화에서는 너울성 파도를 조심하라는 기상청 경고음만 울린다

오렌지빛 유영

할 일이 빼곡히 적혀있는
넘실대는 숫자들 사이
9에 동그라미가 쳐진
책상 위 오렌지빛 달력을 본다
당신과 바다를 보러 갔던 날

동해의 푸르른 바다가 보고 싶었다
햇빛에 반짝거리며 그저
두둥실 떠다니기만 하면 되는
그러나 그래서 아름다운 색이 칠해진

그날 아침,
마침 동해안에는 태풍이 왔다

하늘은 그 매운바람들로
태양이 되고 싶다면
더 열심히 반짝거려야 해,
속삭이며 서해안으로 내 발을 끌었다

칙칙한 물빛이 우리 심연 같아,
그녀의 말을 애써 외면하며
원망스러운 하늘만 보았다

황혼이라도 보여달라고 빌었다
자신을 태우며
물속으로 깊이 가라앉는 것이
나처럼 추하고도
당신처럼 황홀했기에

두 사람은
오렌지빛 석양 아래서
한참 동안이나 그들의 생애를 위로했다
서해안은 하늘이 예쁜 마음을 가졌으니
푸른 양수에서의 수영 따위
하지 않아도 된다고, 엄마

파도

사랑은 손잡고 파도를 기다리는 것.

삶이 사람으로, 사람이 사랑으로.

삶을 펼쳐 놓으면 사람이 되고, 사람의 받침대가 닳아 사랑이 되는 거니까, 우리는 서로를 마모시켜가며 사랑을 만들어가자. 사랑은 뚝딱 뚝딱 짓는 게 아니라, 서로를 부수고 무너뜨린 끝에 남는 잔해 같은 것. 닳고 닳은 몽당연필을 쥐고 서로를 그려가는 일.

햇살에 부서지는 파도와 그 파도에 부수어지는 우리.

사랑해. 내 모든 파도를 안아줘.

II

해파리가 헤엄치는 모습은 사람의 심장박동과 비슷하다

  나와 나의 투명한 모습은 바다를 투영해 나는 바다가 되고 바다는 내가 된다 새로운 물방울들을 자랑하기 위해 너는 너와 너를 불렀다 나는 너 들을 데리고 바닷속으로 들어가 조용히 그리고 파랗게 물결쳤다 응, 조용히 파래지자 뒤척이는 물들 사이에서 물들어가봅시다 투명해지는 거짓들 사이에서 파래지는 진실만을 봅시다 너와 너는 물들어가고 나와 나와 그리고 나는 조금씩 투명해진다 모래밭에 글을 적다 깨달은 나는 투명입니다 빛이 새어 들어온다 빛이 굴절된다 그리고 오늘의 행운의 색은 파란색입니다

받아줘

강한 파도에
아무렇게나 패여버린
목말랐던 땅은
어느새 질펀하고

이미 파도는
저만치 앞서있는데
아직도 이곳은
진창이다

아무리 헹궈내봐도
그 무렵의
당신을
기억해 내는 일은
내게 너무 가혹하다

나아가려 애쓰지 않아도
들이치는 그대라서

내가 할 수 있는 일은
고작
밀려오는 파도에
지우고 생략하기를 반복하는 것

쉬이 가라앉다가도
바람에 섞여
금세 성큼
와있는

왜 당신이냐고 묻지 말자

그냥
받아주자

그냥
바다 주자

고해의 바다

시끄러운 울림이 있는 끝은
수모와
부스러기와 삭힌 분노로 잔뜩 쌓였고
틈이 커다란
난간難艱 위로 걸터앉은 누구를
돌아올 수 없는 심해深解로 밀쳐내버렸다
멀어지는 비명과 함께
연초는 한참 지난 뒤에서야 꺼졌고

벌써
갈라져 있는 저녁과 자정을 넘긴 목구녕,
이미 해를 입힌 고집을 딱히
궁금해하지 않는 듯했다

딱딱하게 굳은 응고 덩어리는 결핍
혹은 그리움의 잔재
혹은 상실과
죽음,
여러 탄식이 배어 있는 곳
닿을 수 없는 수면瘦面 위에 얼굴들

살갗을 파고드는
혀끝과 두려움과 외로움의 방조
(혀끝과 두려움과 외로움의 방조)

수심이 깊은 채로 아찔한 심상은 마냥
벌을 기다린다,
감긴 고요와 너울들 (씻을 수 없는 죄와 방주)
멀어지는 비명과 함께
연초는 한참 뒤에서야 꺼졌고

그저 길었던,
선명한 감각들은 괴로왔다

넋

철썩—

이것은 파도 소리인가
지난날 제주 앞바다에 머문 일이 있었지
나는 어둑해질 때면 바다 근처에 앉아
금세 넋이 나가고는 했다

철썩—

이것은 파도 소리인가
눈앞에 출렁이는 것 없으니
이것은 마음의 소용돌이인가
심장이 핏물에 주저앉는 소리인가

철—썩

이것은 진정 파도 소리인가
아니면 스스로에 대한 다그침인가
다 그치고야 만 빗물을 기다리는
흐리멍텅한 눈동자의 울음소리인가

──철썩

이것은 파도 소리인가
앞은 보아도 정작 머릿속을 헤집고 있으니
파도의 모양새는 안중에도 없다
쥘 수 없는 손으로 턱이나 매만지는 것이다

철썩─

넋은 산더미처럼 쌓인 너에 대한 기억이다
어디에 앉아도 철썩이니 이것은 파도 소리로구나
그래 이건 잊고 잊던 파도였다
때로는 거칠게 밀려오는
대항할 수 없는
가장 밝고
어두운
파
도

바다

이젠 지친 날개를 접고 뚝 떨어지기로

추락하는 내 모습이 그리 나쁘지 않아

멀어져 가는 그들을 바라보며 씩 웃어

그래 최고의 비행은 바로 이 순간이야

바람을 거슬러 뚫고 허공을 찢는 몸을

푸른 하늘보다도 더 짙은 하늘에 던져

기름진 깃뿌리까지 짠 내에 푹 젖어서

느릿느릿 더 깊이 더 깊이 날아오른다

이곳은 고요의 바다 고이 잠들은 바닥

이젠 지친 날개를 접고서 새 꿈꾸기로

바아다를 걸었다

부서져 다시 하나가 되는
바아다를 보며 무정히 걸었다
어딘가 영원히 결여되어
있을 것만 같은
마음속 한가운데가
시퍼런 파도로
부드러운 모래로
짠 내 나는 바람으로
갈매기 울음소리로
채워졌으면 하는
마음 하나로
그러나 그렇게 채워지면
만족이나 할까 하는
깨진 유리조각을
머릿속에 안은 채로

바다

바다는 말이 없다
무슨 말을 해도 같은
나의 말을 이해하지 못하는
침묵의 바다여

원망스레 던진 돌에
파들짝 놀라 소리치는 수면
드높이 치세운 칼날
피할 길 없이 흠뻑 베이며

나는 바다의
유년을 생각해 본다
바다의 유년
누가 이 어린 바다에
마구잡이로 상처를 던진 것이다

어린 바다는 점점 넓어지고 깊어지고
뜨거운 물결 만나 가슴 크게 울렁여 보고
자유로이 비상하는 새들 동경하기도 했지만
이제는 힘겨운 쇠붙이들 띄울 줄도 알지만

하지만 여전히 깊은 곳
너무나 묵직이 가라앉아
건질 수 없는 멍울이 있다

바다는 운다
온종일 운다
일생을 우는
침잠의 바다여

별무덤

저문 저녁, 숨은 새벽
추락하는 빛 한 떨기를 주워 담아서 함축하고
다시 내비치는 내 속에 늘어놓고 전시하지
이것도 나에게, 저것도 나에게, 얘도, 쟤도 나에게
그럼 너도 나에게 와줄 수 있겠어

흙더미 대신에 차마 못 다다를 깊이로
연둣빛 대신에 짙은 군청의 어항으로
별안간 호흡마저 낚아채는 전율적인 풍경으로
너는 나에게 뛰어들어주지 않겠어
거기 말고 여기에 잠들어주지 않겠어

동공은 끝이 두렵지 않다는 듯 뻗어나가고
차가운 검정 공기가 네 한쪽 숨만을 가득 채울 때
밤의 커튼을 걷어내면,
쏟아지는 별무덤
나는 쏟아지는 별무덤
굽이치는 절반에 쏟아지는 별무덤

신의 무덤

집에서 멀어지는 하늘에 쎄멘을 부어 굳힌 엄마 손등
은회색 씨날실로 한 코 한 코 물결이 매듭을 짓는다
가까이서는 명절 나는 처삼촌 기지개 같은 흐물텅―한 온도로 뒹굴며
두툼한 평안의 띠를 메고 밀려온다

철책 같은 그물을 그러모으던 늙은 어부의 초장 묻은 밥 한술, 한마디가 적은 왼손도
매서운 날 풍경 같은 웃음소리가 얽혀매이던 파티장의 철갑상어 캔 뚜껑도

아무것도 돌아오지 않고 나가지도 않는다
찹쌀뜨물같아 보이던 앞섶은
고개를 들어 바라보면 매섭게 무지개떡 빛 하늘을 자르고,
자갈이 구르는 어부의 요새

해산물 모듬, 바다횟집, 세꼬시…
글자들은 아무도 돌아오지 않는
비치는 물을 멍멍하게 바라만 본다

오늘도

오늘도 바다는
닿지 못 한 나를 삼켰다
소용없는 이카루스의 날개

긁혀 나간 생채기에 빨간약을 바르자
고통을 없애기 위해 고통이 존재해야 한다니
또 시간을 쌓아 너를 눌러야 한단다

아무렇지 않은 척 포옹을 청한 뒤
돌아서는 발자국을 무엇을 남겼니

흔적을 내비치지 마렴
너의 실루엣이라도 떠올리는 날에는
태엽은 다시 돌아가 처음부터 쌓아야 한단다

그럼에도
오늘 역시 녹아버린 밀랍을 굳힌다
바다는 무모한 비행을 비웃었고,
내 시간은 무한하니 오늘도 날아오른다
소용없는 이카루스의 날개로

인생은 파도

욕망의 파도에는
행복이 가득한데
난 갈 수가 없어
수평선 위로 그을리는 노을이
어쩜 아름다운데
난 들어갈 수가 없어

눈이 멀어 당신을 보지 못하고
귀가 멀어
철썩
소리를 듣지 못한다면
나는 물결에 유서를 보내버리고
바다에 내 몸을 맡길 수 있을까

철썩 소리에 우울을 잃고
철석鐵石 마음을 얻어
다시 살아갈 수 있을까

종점

결국 여기까지 와버렸어
그 후 솔직해지는 게
죽는 것보다 두려웠으니
뻐끔거릴 수조차 없었어

철썩, 부서지는 하얀 거품에
젖은 뺨 흠뻑 맞으며
이름 없이 파도에 잠기고 싶었어

마음으로 그리던 뒷모습,
입술과 눈물로 얼룩진 안식처,
해변의 모래 어딘가 묻어두고

더 이상 갈 곳 없는 비밀과
후회는 발목을 타고 내려
돌아오는 길 모른 채
떠밀려 멀리, 저 멀리

물결

물결을 세며 잠이 들고 싶어 한결 한 결 세다 보면 알 수 있지 결의 출생지라던가 나에게 세어지기 전까지의 여정들 지구 반대편에서 일어나는 상실과 탄생들 그들이 품고 있는 무수한 생명들과 비밀들 넘실대며 손을 흔들고 원치 않는 비밀들을 토해내고 위로가 될까 하고 의심하고 타박하고

죽어도 살아야만 하는 결이, 살아있어도 죽고 싶어 하는 결이 수면 아래로 잠겨 키스하면 나는 영점이 되어 물결을 세고 싶어 세어지지 않는 물결을 세며 꿈꿀 수 없는 잠에 들고 싶어

파도와 하이픈

쏴아아—

쏴아아—

닮았지만 분명 다른 능선들이 차례차례 그어진다
닮았지만 분명 다른 목소리를 내며
먼저 온 녀석이 한발 물러서고
뒤따라온 녀석은 성큼 다가와
흰 거품 속에 몸을 살풋 겹치는
그건 쏴 하는 소리와 쏴 하는 소리 사이
잠시의 공백 속에 이루어지는 비밀스러운 일
약간의 정적 속에 꿈처럼 몰래
—, 하이픈에서 일어나는
두 번 다시없을 만남과 헤어짐
일정한 간격으로 이어지는 하이픈들은
파도 소리를 실로 하는 바늘의 스티치
한 땀 한 땀 바늘 끝마다 달빛 반작일 때
바닷물이 짭짤한 이유를 얼핏 알 것도 같았다

파도와 하이픈 바다를 수놓으면 밤새 이어지는
물빛 융단 위에서 나는 잠을 잤다
세상 애틋한 꿈들은 무수한 파도들이 모두 꾸고
나는 단잠을 잤다

치매

　모래성이 파도에 쓰러지듯 쓸려간다. 2000년도의 어느 날 서울에서 찾아온 누군가에게 밥을 챙겨주지 못했다. 이웃에 사는 조카아이들의 밥을 챙겨주지 못했다. 수많은 알갱이들이 파도에 밀리고 쓸려간다. 모래성이 파도에 쓰러지듯 쓸려간다. 같이 숨 쉬지만 다른 세상의 기억으로 살아간다. 그 세상의 기억이 무너지면 더 안으로 그 안으로 사라져 버린다. 감각만이 지배하는 세계에서 너의 그 어린 밝은 미소를 바라본다. 나는 너를 바라본다. 같은 눈동자 다른 시간.

순환

언젠가 가 본 적 있었나
어두운 하늘 아래 서빈백사

그 아래에서 흘러내리는 서신을 쓰던
아직도 연꽃에서
사람이 태어난다고 믿는 내 친구

유골을 먹고 자란 조개는
죽어서 다시 사체가 되고

넘실대는 해류에 실려
미지의 해안가에 살아가는데

때가 된 바다는
백사를 사탕처럼 핥아먹는다

우리들은 여전히 불청객이었을까
저 멀리 기저에서
나를 삼키겠다는 마음으로
파도가 다가온다

다이빙

파도를 열어라
당신은 숨 쉴 수 없는 이곳

귓바퀴를 적시는 파도가,
감히 이 세상 들숨 전부를 상상할 수 있는
푸른 생의 심장이,
새까만 맥을 둥 둥 둥 빚어내고 있어

평생 길러 온 목숨
가슴께에 닿는 길이라면
심장 지기에게 거래를 부탁해
그 숨을 잘라 내밀면
푸르고 진한 손을 꼭 잡을 수 있어

둥 둥 둥 남은 생의 조각 동안
영혼에 돋은 물갈퀴로 헤엄치면
이 아래는 저 머나먼 은하로 우주로 이어져 둥 둥
둥

46억 년 전 별들의 고동
별의 짙디 쓴 날숨
그 시작을 가늠하는 일
모터 날개 하나뿐인 생을 타고
별이 기른 머리카락 꼬리를 따라가는
푸른 심장의 척척한 손길
파란 열기 달뜬
은하수에 버려진 당신

그래 당신이 잠긴 이곳은
아직 찢어진 근육 드러나지 않은
새파란 이 球의 심장 속
숨 쉴 수 없다면 시간의 가장 깊은 흔적을 내놓아라
심장 지기가 가여운 생의 부스러기를
새파란 엉겁 새하얀 잉걸불에
둥 둥 둥
미약한 맥으로 마술 지어 줄 테니

바다

사랑의 여름
어느 날 찾아온 섬망
빽빽한 나무를 헤쳐 바다를 보고 왔다
눈을 감으면 바다가 방 안에 꽉 찬다
내 뒤에 누군가 있는 것 같은데
안팎을 뒤집어 제 속도 모르게 하고
질투의 물꽃 철썩이는 미련의 바다
밀려 들어오는 바다의 끝 모든 것이
모래 위에서 수포로 돌아갔다
여름밤 추운 바다 그러니까 모래를 덮어
내주어 같이 덮자 따뜻한 사랑의 장작
눈을 뜨니 바다 한가운데
바다는 장작 재가 되어가고 남겨진 추억의 바다
이따금 나는 그 시간 속 머무르는 망자
누가 나를 품어도 우리의 공간 모두를
물로 가득 채워 심연을 만드는 섬망
여름 재가 된 바다는

이름 하나 없는 시

이름 하나 없는 방랑자는 쭉 떠돌다
이름 하나 없는 바다 앞에 가 앉아서
이름 하나 없는 짧은 시를 써 띄우고
이름 하나 없는 둘레길을 또 걸었다

바다 위에 흘려보내진 글자들은
누군가의 목구멍으로 찾아갔다
각진 글자에 누군가는 울었다
눈물이 땅에 스며 바다로 흘렀다

이름 하나 없는 눈물이
이름 하나 없는 바다가 되어
이름 하나 없는 문인을 찾아 굴러가
이름 하나 없는 글자를 다시 품고서 부서졌다

뱃사공과 배

너절한 뱃사공과
오래된 배

뱃사공에게 배는
다리이자 날개이며
관이자 무덤이다

매일같이 바닷물을 토해내는 배에게
뱃사공은 무엇도 줄 수 없다

부둣가 한편에
홀로 처량히 정박한 배를 보며
뱃사공은 운다

바닷물처럼 짠 눈물을 흘린다

오래된 배와
너절한 뱃사공

배에게 뱃사공은
연인이자 친구이며
흙이자 주인이다

매일같이 술에 절어 토를 하는 뱃사공에게
배는 무엇도 줄 수 없다

부둣가 멀리에서부터
홀로 처량히 걸어오는 뱃사공을 보며
배는 한숨을 쉰다

바닷바람처럼 시린 한숨을 쉰다

바다에서

하늘은 알 수 없이 영원한 채로 있더라
바다는 알 수 없이 영원한 채로 있더라

하늘이 바다 위에 덧대어 있는 채로
아니
바다가 하늘 위에 덧대어 있는 채로

알 수 있을까
하늘 너머의 바다를
바다 너머의 하늘을

모래를 밟을 용기조차 없는
오늘의 바다에서
지평선만을 바라보고 있어

점점 사라져가는 하늘과 바다의 경계에
어떤 목소리가 있을까
어떤 발걸음이 있을까
어떤 뒷모습이 있을까

아름다운 모든 것들이 어둠 속으로 묻혀갈 때

나는
볼 수 있었어

어둠 속에서도
자신을 담담하게 지켜내는
해가 지기 전의 모든 것들을

다 그대로 있네
다 그대로 있어

아가미가 없는 인간

1
초라한 몸집을 가진 날에는 바닷소리를 찾아갔다
움직이는 파도의 소리
물 안에서 누군가의 손이 참방이는 소리
무엇인지 모를 찬란한 생명의 소리
눈을 감고 귀를 열고 나는 바다로 갔다

2
저 안으로, 저기 더 안으로 들어가자
투명한 물에 비치는 상공의 해
그 어여쁜 모양을 구경하며 유영한다
물이 흘러가는 곳으로
푸르름이 가는 쪽으로
정신없이 같이 떠간다

3
안으로부터 깊숙이 살아나는 물소리와 생명 소리
살아있는 무언가 곁에 있는 것만 같아서
사람을 그리워할 필요가 없었다

4
아가미가 없는 인간은 바다에 누워서
쓸쓸한 듯 또 괜찮은 듯 그렇게
선명히 나타나는 푸르름의 물결
다른 무엇 없이 가득 차 있는 짠 바닷물과 그 안의 나
불쌍한 걸까 알 수 없다
아가미가 갖고 싶은 날이었다

파아란 잔해

살아 있다. 살아 있다고 외치고 있다.
어느 날에 너는 구해달라는 말을 하기도 한다.
많은 것들이 쌓여가는 게 아프다고 말한다.
잔잔하게 살아있다고 외치고,
거세게 구해달라고 외친다.

그렇게 넌 너만의 방식으로 얘기한다.
일렁이는 파도에 의해 위로받았는데
이제는 내가 널 위로해 주고 싶다.

갈수록 탁해지는 네가 죽을까 봐 난 겁이 난다.

노력할게,
계속 네가 숨을 쉴 수 있도록
계속 우리 곁에 머물 수 있기를
계속 아름다울 수 있도록

파도는 바다가 내는 소리이자 언어이다.

섬과 바다의 대화

섬
갇힌 사람
갇힐 뻔한 사람과 갇힐 사람
세입자는 버려야 할 게 많아요
주머니 속 영수증 같은 것들을 한두 번 버려보았더니
나는 외딴섬이 되어있었다
고작 개운함 따위란
알다시피 그리 오래가지는 못하는 것
바다?
저 먼 섬의 배경지
물결의 파동
과연 떠밀리는 걸까?
아니
스스로 움직인다
그래서 자연이구나
바다는 섬을 갈취했다
헤엄쳐 나올 수 있을까?
저 섬은 도망가지 못하는데
그런데 자연
그래서 자연

망각의 바다

뿌리깊은 분자 알알이
소리내어 부서지는 거품속에서
죽어가는 활자들이 씻겨져 간다
주인잃은 시간들이 빛을 잃는다

영원이란 핑계없이 무너진 모래성처럼
각설했던 순간들은 물거품으로
쓸쓸히 우둑하게 하나가 된다

옭아매진 냉기에 묻어난 기억과
한줄기 실오라기는 하늘에 묻고
바다는 비로소 자식을 품는다

파도시집선 007

바다

초판 1쇄 발행 2022년 3월 21일
　　6쇄 발행 2025년 6월 24일

지 은 이　| 정희정 외 50명
펴 낸 곳　| 파도
편　　집　| 길보배
등록번호　| 제 2020-000013호
주　　소　| 서울시 용산구 동빙고동 55
전자우편　| seeyoursea@naver.com
I S B N　| 979-11-970321-5-8 (03810)

값 10,000원

ⓒ 파도, 2022. Printed in seoul, korea.

* 이 책의 판권은 지은이와 파도에게 있습니다. 양측의 서면 동의 없는 무단 전재 및 복제를 금합니다.
* 맞춤법과 띄어쓰기는 원본에서 기인하였습니다.
* 파도시집선 참여 작가들의 인세는 매년 기부됩니다.